Julia und Abiola

Eine Liebes-Geschichte in Leichter Sprache

Sara Krüger / Karin Schemm

Das Buch gibt es seit Dezember 2014.

© Sara Krüger hat den Text geschrieben.

Ihre Adresse ist: Nobelstrasse 8, 70569 Stuttgart

© Karin Schemm hat die Bilder gezeichnet.

Sie hat auch die Titel-Seite gestaltet.

Annette Flegel von der **Lebenshilfe Main-Taunus**
hat Frau Krüger bei der Leichten Sprache beraten.

Anita Kühnel und Anette Bourdon von dem **Verein Mensch zuerst** haben den Text auf Leichte Sprache geprüft.

Herstellung und Verlag:

BoD – Books on Demand, Norderstedt

ISBN 9783738625578

Inhalt

Wer kommt in der Geschichte vor: 5
Disko 7
Warten 14
Spaziergang 18
Zuhause 19
Nachbarn 23
Die Freundin 25
Träume 29
Besuch 31
Die Party 35
Tanzen 38
Kochen 39
Geld 42
Das Auto 43
Die Entdeckung 46
Was geht? 51
Erklärung schwerer Wörter 53
Erklärung schwerer Wörter 53

Hinweis:

Einige Wörter im Texte sind dick gedruckt und haben ein Zeichen.

Das sind schwere Wörter.

Sie können mit der Maus über das Zeichen fahren.

Dann kommt ein kleiner Kasten.

In dem Kasten steht die Erklärung für das schwere Wort.

Wer kommt in der Geschichte vor:

Das ist Julia

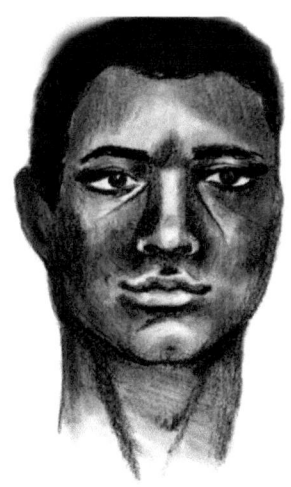

Das ist Abiola

Das ist Nadja, die Freundin von Julia

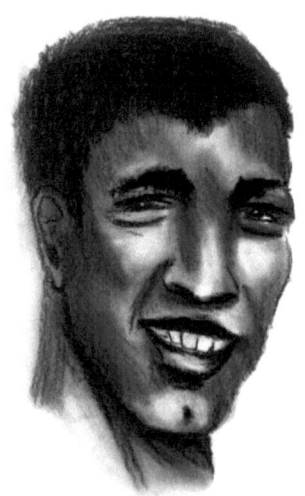

Das ist John, der Freund von Abiola

Disko

 Julia geht in die Disko.

Tanzen! Austoben!

Die Musik ist laut.

Julia bewegt sich leicht und schnell.

Es macht Spaß.

Sie tanzt allein für sich.

Bunte Lichter zucken.

Es ist heiß. Und voll.

Sie sieht Gesichter.

Aber sie kennt niemand.

 Julia macht eine Pause.

Sie geht an die Bar.

Sie sagt: Bitte ein Bier.

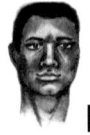 Ein Mann neben ihr sagt: Du tanzt gut.

 Julia sagt: Danke.

Der Mann sagt: Lass uns nach nebenan gehen.

Da ist es nicht so laut. Und wir können uns unterhalten!

Julia antwortet: Ich muss aber gleich gehen.

Er schaut sie traurig an.

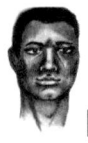 Julia denkt: Er sieht sehr nett aus.
Und ich habe Lust zu reden.
Warum also nicht?

Sie schaut auf die Uhr und sagt:

Ich habe noch ein wenig Zeit.

Er freut sich und sagt: Ich heiße Abiola – und wie heißt du?

Julia antwortet: Ich heiße Julia – und woher kommst Du?

Ach, das werde ich immer gefragt.
Ich lebe schon so lange in Deutschland.
Geboren bin ich in **Uganda**.[i]

Julia fragt: Wo ist das?

Uganda ist ein Land im Osten von Afrika.
So wie Deutschland ein Land von Europa ist.

 Welche Sprache spricht man da?

 Viele Sprachen. Meine Mutter-Sprache ist **Luo**.[ii]
Das spricht mein Volk.
Aber in Uganda leben viele Völker.
Wir haben 2 Haupt-Sprachen.
Englisch und **Suaheli**.[iii]
Alle Menschen, die in eine Schule gehen,
sprechen mindestens 3 Sprachen.
Welche Sprachen sprichst Du?

 Julia wird rot. Sie sagt:

Eigentlich nur Deutsch.
In der Schule habe ich Englisch gehabt.
Aber ich kann es nicht sprechen.
Was machst Du hier?

Abiola antwortet: Ich studiere.
Aber ich muss auch arbeiten.
Um Geld zu verdienen.
Ich arbeite in einer Fabrik. Und du, Julia?

Ich bin Verkäuferin. Im Kaufhof.

Sie unterhalten sich lange.

Die Zeit vergeht schnell.

Dann will Julia nach Hause.

Kann ich dich wieder sehen? Fragt Abiola.

Vielleicht. Sagt Julia.

Warten

Julia wartet auf Abiola.

Er hat gesagt, er kommt früh am Nachmittag.

Jetzt ist es 15 Uhr.

Julia wartet nicht gerne

Sie steht am Fenster.

Warum kommt er nicht?

Ist etwas passiert?

Warum ruft er nicht an?

Sie ist unruhig.

Und sie hat Sehnsucht.

Eine ganze Woche haben sie sich nicht gesehen.

Das ist sehr lang.

Julia muss lachen. Ja, sie ist verliebt.

Verliebt in das Lachen von Abiola, das so ansteckend ist.

Sie ist verliebt in seine Augen, die so viel Verständnis zeigen.

Sie mag seine Haut, die weich und glatt ist.

Nach dem ersten Treffen ist er oft in den Kaufhof gekommen.

Er hat sie gefragt. Wollen wir einen Kaffee trinken.

Manchmal hat sie ja gesagt.

Es war schön mit ihm.

Später haben sie sich im Park getroffen.

Sie saßen auf einer Bank.

Sie haben sich unterhalten.

Sie haben sich angeschaut. Sie haben sich berührt.

Sie waren ganz still.

Und dann haben sie sich geküsst.

Vor 1 Woche haben sie sich das letzte Mal geküsst.

Und heute kommt er zu ihr nach Hause.

Wo bleibt er nur?

Julia schaut auf die Uhr. Es ist 15.30 Uhr.

Sie hat Angst. Hat er es sich anders überlegt?

Will er von ihr nichts mehr wissen?

Was ist nur los?

An der Tür klingelt es.

Julia drückt auf den Türöffner.

Abiola kommt die Treppe hoch.

Er strahlt.

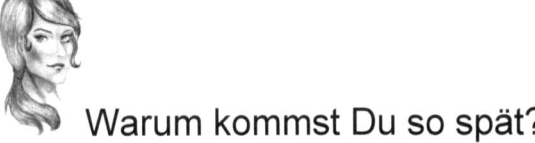 Warum kommst Du so spät?

Spät???

Du wolltest am frühen Nachmittag kommen! Sagt Julia anklagend.

Warum schimpfst du mit mir?

Freust du dich nicht, dass ich da bin?

Abiola nimmt Julia in die Arme. Und er küsst sie.

Spaziergang

Julia geht mit Abiola spazieren.

Alles ist anders, wenn sie mit ihm zusammen ist:

Plötzlich schauen sie die Leute an.

Die Leute gucken.

Die Leute sind neugierig.

Manche Leute sind auch misstrauisch.

Manche Leute grüßen ganz freundlich.

Manche schauen sie einfach nur an.

Auch wenn Julia sie grüßt, antworten sie nicht.

Julia denkt: Warum schauen die Leute mich so an?

Zuhause

Julia ist nervös.

Sie sitzt bei ihren Eltern beim Mittagessen.

Es schmeckt ihr nicht.

Ihr Herz klopft.

Sie isst ihre Suppe. Ihre Hand zittert.

Heute will sie mit ihren Eltern sprechen.

Sie will ihren Eltern sagen: Ich habe mich verliebt.

Ich habe mich in Abiola verliebt.

Sie denkt nur noch an ihn.

Sie hat sich noch nie so gut gefühlt.

Die Eltern haben gesagt. Du strahlst ja so.

Julia will ihnen erzählen, warum sie so glücklich ist.

Julia denkt: Warum fällt es ihr so schwer?

Ich habe einen neuen Freund – sagt sie.

Die Eltern legen ihre Löffel auf den Tisch und fragen:

Und? Wer ist der Glückliche?

Er heißt Abiola und kommt aus Uganda.

Aha, sagt der Vater nur.

Die Mutter schaut auf ihren Teller.

Alle sind ganz still.

Dann sagt der Vater: Wenn du glücklich bist, freuen wir uns für dich!

Nachbarn

Die Vermieterin wohnt ein Stockwerk unter Julia.

Sie ist schon alt. Und sie traut fremden Menschen nicht.

Die Tür muss immer abgeschlossen sein.

Julia möchte der Vermieterin Abiola vorstellen.

Er ist mein Freund. Sagt sie zur Vermieterin.

Ich weiß. Antwortet die Vermieterin freundlich.

Ich weiß Bescheid.

Die Nachbarn von gegenüber haben mich angerufen!

 Wieso?

Die Vermieterin antwortet: Die Nachbarn sehen, wer hier ein und ausgeht.

Die Freundin

Heute geht Julia mit ihrer Freundin Nadja aus.

Nadja möchte afrikanisch essen gehen.

Du musst dich doch auskennen. Sagt sie zu Julia.

Nein, sagt Julia, Abiola geht am liebsten zum Griechen essen.

Es gibt kein afrikanisches Restaurant in der Stadt. Es gibt nur 1 Restaurant. Da wird **senegalesisch** [iv]gekocht.

Und eines, da gibt es Essen wie in **Eritrea.**[v]

Nadja entscheidet sich für Senegal.

Es schmeckt sehr gut.

Vor allem das **Ingera**. [vi]

Das ist so etwas ähnliches wie ein Pfannkuchen.

Das gibt es zu jedem Gericht. Wie bei uns Brot.

Julia und Nadja sprechen darüber. Was gibt es Neues.

Nadja fragt: Wie läuft es mit deinem **Bimbo**?[vii]

Julia erschrickt: Was sagst du da, ich habe wohl nicht recht gehört?

Nadja versteht Julia nicht: Das sagt man doch bloß im Spaß.

Sei doch nicht so empfindlich.

Du weißt, ich meine das nicht böse.

Du kennst mich doch und weißt, dass ich den Abiola mag!

Julia antwortet: Ich will den Ausdruck nie wieder hören.

Okay, entschuldige. Sagt Nadja

Träume

Es ist Sonntag Morgen.

Julia und Abiola liegen im Bett.

Abiola schläft noch.

Er sieht so süß aus, wie er die Bettdecke über den Kopf gezogen hat.

Auf seiner Nase haben sich kleine Schweiß-Perlen gebildet.

 Julia will sich an ihn kuscheln.

Aber sie will ihn noch nicht aufwecken.

Sie ist glücklich.

Sie möchte seine Heimat kennenlernen.

Sie möchte endlich einmal eine große Reise machen.

Abiola kennt sich aus. Er kann ihr viel zeigen.

Uganda –der Name klingt schön.

Wie wird sie wohl von seiner Familie empfangen?

 Abiola hat ihr schon viel erzählt.

Abiola hat erzählt. Sein Vater hat eine Farm.
Das ist so etwas wie ein Bauernhof.
Mit vielen Kühen.

Abiola hat erzählt. Der Vater bringt die Milch von den Kühen in die Schulen in der Nähe.

Abiola hat viele Geschwister.

Eine Schwester studiert Medizin.

Julia ist froh, dass es seiner Familie gut geht.

Vielleicht können sie nächstes Jahr nach Uganda fliegen?

Wenn sie jetzt anfängt zu sparen, müsste es für einen Flug reichen.

Besuch

Abiola und Julia besuchen John.

John ist ein Freund von Abiola.

Auch er kommt aus Uganda.

Er ist aber aus dem Süden des Landes und gehört einem anderen Volk an.

John ist sehr nett zu Julia.

Er erklärt ihr: Das ist so, wie wenn Abiola aus Ostfriesland kommt und plattdeutsch spricht.
Und ich komme aus Bayern und spreche bayrisch.
Wenn wir uns verstehen wollen, müssen wir eine dritte Sprache sprechen: Englisch oder Suaheli.
Oder jetzt Deutsch.
Damit du uns verstehst.

John lacht. Sie kochen zusammen.

Nach dem Essen gehen sie in eine Kneipe an der Ecke.

Man kennt John.

Eine ganze Reihe von Männern schlägt ihm freundlich auf die Schulter.

Er ruft: Die nächste Runde geht an mich!

John und Abiola spielen **Darts**. [viii]

Julia schaut ihnen zu.

Eine Runde gewinnt Abiola, die nächste John.

Dann setzen sie sich an einen Tisch und trinken Bier.

   John erzählt von seiner Arbeit.

Er ist Hausmeister und trifft viele Leute.

Abiola wird ungeduldig. Er möchte nach Hause.

Julia möchte bleiben.

   Geh du doch einfach schon nach Hause, schlägt sie vor,
ich komme dann mit John nach Hause.

Nein, sagt John, das geht nicht.

Du sollst mit Abiola nach Hause gehen.

Die Party

Julia ist mit Abiola auf eine Party eingeladen.

Die Party ist im Garten.

Da steht ein Grill.

Die Gäste essen und trinken.

Julia kennt nicht so viele Leute.

Sie sitzt mit Abiola an einem Gartentisch.

Ein junger Mann kommt zu ihnen. Er lacht und sagt:

Schwarz wie die Nacht.

Abiola steht auf und sagt: Komm, Julia wir gehen.

Ich lasse mich nicht beleidigen.

Der junge Mann sagt: Ich wollte dich nicht beleidigen.
Ich finde dich sehr schön!
Und schwarz bist du doch – darf man das nicht sagen?

Ich möchte mit Ihnen nicht sprechen. Sagt Abiola. Er geht weg.

Julia geht hinter ihm her. Julia denkt nach: Ist Abiola zu empfindlich?

Sie rennt. Damit sie Abiola einholen kann.

Abiola ist wütend.

Er schreit: Das ist ein **Rassist!** [ix]

Julia sagt erschrocken: Er hat es bestimmt nicht böse gemeint!

Abiola sagt: Dann sage ich zu Dir jetzt auch du **Milchgesicht!** [x]

Tanzen

Julia und Nadja gehen in die Disko.

An der Tür steht ein Schild: Heute **Afro-Nacht**[xi].

Nadja lacht: Na, das passt ja!

In der Disco ist es voll.

Die Luft ist stickig

Julia und Nadja tanzen.

Danach gehen sie an die Bar. Sie ruhen sich aus.

Nadja sagt: Weißt du, ich beneide dich um Abiola.

Er ist einfach sexy!

Julia ärgert sich. Ich mag es nicht, wie du über Abiola redest. Er ist mein Freund. Für Alles. Nicht nur für das Bett.

Kochen

Wieder einmal muss Julia auf Abiola warten.

Sie ärgert sich.

Sie hat ihm schon oft gesagt. Ich warte nicht gerne.

Aber es hat sich nichts geändert.

Endlich kommt er.

Er küsst sie auf den Mund.

Abiola legt sich auf das Sofa. Das ist sein Lieblings-Platz.

 Ich bin so müde.

Und hungrig bin ich auch.

Was gibt es denn Gutes zu essen?

Julia ist sauer: heute kannst du mal kochen!

Warum ich? Du weißt doch, ich kann nicht kochen!

Dann musst Du es halt lernen.

In Ordnung. Das nächste Mal koche ich. Sagt Abiola und lacht.

Heute gehen wir essen!

Und ich muss wieder bezahlen! sagt Julia leise.

Abiola ist empört: Du musst gar nichts.

Ich habe nie etwas von dir verlangt!

Wenn es dir zu viel ist, sag es und ich verschwinde.

Er hat ganz laut gesprochen.

Aber nein, so habe ich es gar nicht gemeint.

Sie gehen zum Griechen essen.

Es wird ein schöner Abend.

Julia bezahlt wieder die Rechnung. Sie verdient ja mehr Geld als Abiola.

Geld

Abiola macht ein **Fern-Studium**[xii].

Da kann er in der Fabrik arbeiten.

Abends lernt er.

Das Fern-Studium kostet viel Geld.

Julia findet es gut, dass Abiola studiert.

Abiola muss viel lernen.

Deshalb können sie sich nicht oft sehen.

Er hat nie Geld.

Er muss für das Studium bezahlen.

Er schickt seiner Familie Geld nach Uganda.

Wenn Julia und Abiola ausgehen, dann bezahlt Julia.

Das Auto

Abiola steht vor Julias Tür und lacht.

Er sagt: Komm, ich zeige dir etwas.

Er geht mit ihr ans Fenster. Er fragt Julia: Siehst du, was da draußen

steht?

 Wo? Fragt Julia

 Direkt gegenüber!

Ich sehe einen Baum und dahinter ein Haus!

 Nein, vor dem Haus!

 Da steht ein rotes Auto!

 Weißt du, wem das Auto gehört?

 Nein, keine Ahnung!

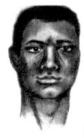 Abiola sagt stolz: Das gehört mir!

 Julia staunt: Was, dir?

Aber du hast doch kein Geld!

 Abiola antwortet: Mein Bruder hat mir Geld geschickt.

Das Auto war ganz billig.

Es ist ein gebrauchtes Auto. Aber es ist ein gutes Auto.

Julia sagt: Aber ein Auto kostet viel Geld.

Und Benzin. Die Versicherung kostet Geld. Die Reparaturen kosten Geld.

Wir wollten doch für die Reise sparen!

Abiola ärgert sich: Ich brauche ein Auto. Damit ich zur Arbeit fahren kann.

Wenn ich Nacht-Schicht habe, ist es gefährlich.

Ich kann nicht zu Fuß nach Hause gehen.

So ein billiges Auto bekomme ich nie wieder!

Sie machen einen Ausflug.

Abiola freut sich.

Er fährt mit einer Hand. Die andere Hand liegt auf Julias Knie. Julia fühlt sich nicht gut.

Die Entdeckung

Julia macht Frühstück.

Abiola ist in der Dusche.

Julia deckt den Tisch.

Sie stellt eine Kerze auf den Tisch.

Sie will die Kerze anzünden.

Sie sucht ein Feuer-Zeug.

Aber sie findet keines.

Vielleicht ist in der Jacke von Abiola ein Feuer-Zeug?

Sie geht in den Flur.

Sie greift in die Tasche von der Jacke.

Ja, da ist ein Feuer-Zeug.

Aber da ist noch etwas anderes.

Sie zieht es heraus.

Es ist ein Pass. Es ist Abiolas Pass.

Darauf steht das Wort **Asyl**.[xiii]

Das bedeutet, dass er aus einem Land

geflohen ist.

Aber er ist doch ein Student?

Aus Uganda?

Sie versteht es nicht.

Sie steckt den Pass wieder in die Tasche.

Abiola hat nie etwas von Asyl gesagt.

Er hat gesagt: Als Student kann man ohne Probleme nach Deutschland.

Julia ist ganz still.

Abiola kommt aus der Dusche.

 Was ist los mit dir? Fragt Abiola.

Julia wird rot.

Sie sagt leise: Ich habe dein Feuer-Zeug gesucht.

Und dabei den Pass gesehen.

Bist Du ein Flüchtling?

Abiola ist lange still. Dann sagt er:

Ja, ich habe in Deutschland Asyl bekommen.

Julia fragt: Warum hast du mir das nicht gesagt?

Abiola antwortet: Du hast mich nicht danach gefragt.

Aber ich will keine Ausrede suchen.

Ich habe dir nichts gesagt,
weil du einen Flüchtling nicht als Freund haben willst.
Habe ich nicht Recht?

Julia schluckt: Hat Abiola Recht?

Ja, wenn sie gewusst hätte, dass Abiola ein Asylant ist,

wer weiss, ob sie einen Kaffee mit ihm getrunken hätte.

Student war etwas ganz anderes.

Warum hast du Asyl beantragt. Fragt Julia.

Abiola antwortet: Das ist eine lange Geschichte.

Ich möchte sie jetzt nicht erzählen.
Es tut mir zu weh, wenn ich darüber spreche.

Was geht?

Julia telefoniert mit ihrer Freundin Nadja.

Sie klagt: Warum hat er mir nicht erzählt, dass er ein Asylant ist?
Ich kann verstehen, dass er es nicht am Anfang gesagt hat.
Aber wir kennen uns seit 6 Monaten, da muss er mir doch vertrauen?
Er ist aus Uganda geflohen. Deshalb kann er nicht zurück.
Und wir können nicht nach Uganda reisen.
Er hat mit nie gesagt. Es geht nicht!

Nadja meint: Ich glaube, er wollte mit dir träumen.

Ich glaube, er hat eine große Sehnsucht nach seinem Zuhause.
Vielleicht dachte er, dass bis dahin alles gut wird. Und er mit dir fahren kann.
Er kann nicht fahren, aber Du!

Julia: Ich soll alleine fahren?

Nadja: Ja, warum nicht?

Julia: ja, warum eigentlich nicht!

Erklärung schwerer Wörter

Erklärung schwerer Wörter

Uganda ist ein Land im Osten von Afrika

Eritrea ist ein anderes Land im Osten von Afrika

Senegal ist ein Land im Westen von Afrika

Ingera ist eine Art Pfannkuchen

Suaheli ist eine afrikanische Sprache

Luo ist eine andere afrikanische Sprache

Darts ist ein Spiel.
Dabei wirft man mit Pfeilen auf eine Ziel-Scheibe.

Ein Rassist denkt, dass Menschen mit einer anderen Hautfarbe
weniger wert sind.
Zum Beispiel:
Ein Rassist denkt,
Menschen mit dunkler Haut sind schlechter als Menschen mit heller Haut.

Milch-Gesicht: Das soll eine Beleidigung sein.

Afro-Nacht: In dieser Nacht tanzt man zu afrikanischer Musik.

[i] Uganda ist ein Land in Afrika
[ii] Luo ist eine Sprache in Afrika
[iii] Suaheli ist eine Sprache in Afrika
[iv] Senegal ist ein Land im Westen von Afrika
[v] Eritrea ist ein Land im Osten von Afrika
[vi] Ingera ist eine Art Pfannkuchen. Es wird wie Brot bei uns viel gegessen.
[vii] Sie will sagen: „Dein schwarzer Freund". Es ist ein schlechtes Wort.
[viii] Darts: ein Wurf-Spiel, auf dem man Pfeile auf eine Scheibe wirft.
[ix] Rassist: jemand, der meint, dass Menschen mit anderer Hautfarbe weniger wert sind
[x] Er will sagen: Du bist weiß wie Milch. Das Wort soll beleidigen.
[xi] Afro-Nacht: in dieser Nacht wird in der Disko afrikanische Musik gespielt.
[xii] Fern-Studium: Da schickt der Lehrer Briefe. Man arbeitet zuhause. Die Prüfung muss in einer Schule gemacht werden.
[xiii] Asyl bekommt man, wenn man fliehen musste und es dafür einen Grund gibt, der anerkannt wird.